# BEI GRIN MACHT SICH IHR WISSEN BEZAHLT

AF136151

- Wir veröffentlichen Ihre Hausarbeit,
  Bachelor- und Masterarbeit

- Ihr eigenes eBook und Buch -
  weltweit in allen wichtigen Shops

- Verdienen Sie an jedem Verkauf

Jetzt bei www.GRIN.com hochladen
und kostenlos publizieren

GRIN ☺

**Bibliografische Information der Deutschen Nationalbibliothek:**

Die Deutsche Bibliothek verzeichnet diese Publikation in der Deutschen National-
bibliografie; detaillierte bibliografische Daten sind im Internet über http://dnb.d-
nb.de/ abrufbar.

**Impressum:**

Copyright © 2020 GRIN Verlag
Druck und Bindung: Books on Demand GmbH, Norderstedt Germany
ISBN: 9783346252470

**Dieses Buch bei GRIN:**

https://www.grin.com/document/926044

Katharina Gross

**Einführung in die Psychologie. Verfahren der Neuropsychologie, Diagnose von Entwicklungsstörungen und Theorie des biopsychosozialen Modells**

GRIN Verlag

**GRIN - Your knowledge has value**

Der GRIN Verlag publiziert seit 1998 wissenschaftliche Arbeiten von Studenten, Hochschullehrern und anderen Akademikern als eBook und gedrucktes Buch. Die Verlagswebsite www.grin.com ist die ideale Plattform zur Veröffentlichung von Hausarbeiten, Abschlussarbeiten, wissenschaftlichen Aufsätzen, Dissertationen und Fachbüchern.

**Besuchen Sie uns im Internet:**

http://www.grin.com/

http://www.facebook.com/grincom

http://www.twitter.com/grin_com

# Einsendeaufgabe

## Einführung in die Psychologie

Alternative C

SRH Fernhochschule – The Mobile University

Modul: Einführung in die Psychologie
Studiengang: B. Sc. Psychologie

von
Katharina Gross

# Inhaltsverzeichnis

# Abkürzungsverzeichnis

| | |
|---|---|
| Aufl. | Auflage |
| bspw. | beispielsweise |
| CT | Computertomographie |
| d. h. | das heißt |
| Ebd. | Ebenda |
| EEG | Elektroenzephalogramm |
| fMRT | funktionelle Magnetresonanztomographie |
| MRT | Magnetresonanztomographie |
| Nr. | Nummer |
| PET | Positronenemissionstomographie |
| S. | Seite |
| v. a. | vor allem |
| Vgl. | vergleiche |
| z. B. | zum Beispiel |

# 1. Aufgabe C 1

## 1.1. Gegenstand der Neuropsychologie

Die neuropsychologische Forschung beschäftigt sich mit neuronalen Grundlagen des Verhaltens. Es handelt sich um ein interdisziplinäres Fachgebiet. Einen maßgeblichen Teil an Wissen liefern die Kognitions- und Neurowissenschaft. Diese Disziplinen erforschen die kognitiven Fähigkeiten und Gehirnprozesse beim Menschen.[1] Patienten mit Schädigungen des Gehirns, wie z. B. Störungen des Gedächtnisses, der Aufmerksamkeit oder der Sprache[2], stehen dabei im Mittelpunkt. Ziel ist es, Zusammenhänge zwischen kognitiven und emotionalen Störungen zu verstehen[3], d. h. wie wirkt sich eine Hirnschädigung auf das Verhalten aus.[4] Ein besonderes Augenmerk liegt mittlerweile auf den höheren Hirnfunktionen, wie der Sprache, dem Gedächtnis, der Orientierung, Musik und Kommunikation. Außer der Lokalisation von aktiven Hirnarealen gilt es herauszufinden, wie das menschliche Gehirn Dinge bzw. Reize wahrnimmt und verarbeitet, plant oder Gedanken produziert.

Der Wissenschaftsbereich der Neuropsychologie profitiert maßgeblich von bildgebenden Verfahren wie der Magnetresonanztomographie (MRT) oder der Positronen-Emissions-Therapie (PET). Sie ermöglichen es, am wachen Menschen neurale Prozesse nahezu nichtinvasiv zu erfassen.[5]

## 1.2. Die Magnetresonanztomographie (MRT)

Mit der Magnetresonanztomographie können Schichtbilder des Körpers, insbesondere von Weichteilen, Gehirn, Rückenmark, Knorpel und der weiblichen Brust dargestellt werden[6]. Bei der MRT werden die Dichte und die Relaxationszeiten erregter Wasserstoffatomkerne im Körper gemessen und genau lokalisiert.

---

[1] https://www.cbs.mpg.de/1345791/mpi-cbs-institutsflyer-2019-2.pdf; abgerufen am 05.06.2020
[2] https://www.ratgeber-neuropsychologie.de/neuropsychologie/Neuropsychologie1.pdf; abgerufen am 04.06.2020
[3] https://www.ruhr-uni-bochum.de/neuropsy/uebersicht.html; abgerufen am 03.06.2020
[4] https://www.ratgeber-neuropsychologie.de/neuropsychologie/Neuropsychologie1.pdf; abgerufen am 04.06.2020
[5] Vgl. Müsseler, J., Rieger, M. (2017), S. 19
[6] https://www.radiologie.de/untersuchungsmethoden-im-ueberblick/kernspintomographie-mrt/anwendbarkeit und-grenzen-des-verfahrens/; abgerufen am 04.06.2020

Die normalerweise ungeordneten Protonen werden durch ein starkes magnetisches Feld in eine Richtung ausgerichtet, dieser Vorgang wird Präzession (Auslenkung) genannt. Daraufhin folgt eine Art „Störung" durch ein weiteres magnetisches Feld mit dem gleichen Radiofrequenzpuls (Resonanzbildung). Hierdurch kommt es zu einer Bewegung der Protonen. Die Rückkehr der Wasserstoffteilchen in ihre Ausgangslage wird Relaxation genannt. Je nach Gewebeart werden schwache elektrische Ströme mit bestimmten Frequenzen abgegeben. Die MRT gewinnt ihre Daten infolge der Auslenkung und Relaxation von Protonen in starken Magnetfeldern.[7]

Ein großer Vorteil der MRT-Verfahren liegt in ihrer sehr guten Auflösung der Bilder. Gewebeeigenschaften und ihre Strukturen lassen sich detailliert abbilden.[8] Außerdem kommen weder Strahlung wie bspw. Röntgenstrahlung bei der Computertomographie oder radioaktive Substanzen wie bei der Positronenemissionstomographie vor.

Hervorzuheben ist eine Weiterentwicklung der MRT: Die **funktionelle Magnetresonanztomographie** (fMRT).

Die funktionelle Magnetresonanztomographie macht es möglich, nicht nur Strukturen abzubilden, sondern Patienten oder Probanden beim Arbeiten „zuzusehen", d.h. welche Hirnregionen bspw. bei der Bearbeitung von Rechenaufgaben aktiv sind. Der Mechanismus dieser Methode besteht darin, Veränderungen des zerebralen Blutflusses durch die Veränderung des Sauerstoffverbrauchs in bestimmten Gehirnarealen zu messen (BOLD-Effekt, d. h. blood oxygenation level dependent).[9] Die Wissenschaft macht sich die magnetischen Eigenschaften von sauerstoffreichem und sauerstoffarmem Blut zu Nutzen. Bei erhöhter Aktivität der Neuronen ist ein Anstieg des Sauerstoffs im Blut festzustellen. Sauerstoffreiches Blut hat eine langsamere Relaxationszeit als sauerstoffarmes Blut. Mit der Messung des sauerstoffreichen Blutes im Hirn können aktive Hirnregionen dargestellt werden.

## 1.3. Die Positronen-Emissions-Tomographie (PET)

Die Positronen-Emissions-Tomographie (PET) wird bereits seit den 1980er Jahren eingesetzt (anders als die fMRT-Methode, die seit den 1990er Jahren Anwendung

---

[7] Vgl. Birbaumer, N., Schmidt, Robert F. (2010), S. 488
[8] https://m.portal.hogrefe.com/dorsch/magnetresonanztomografie-mrt/; abgerufen am 04.06.2020
[9] Vgl. Birbaumer, N., Schmidt, Robert F. (2010), S. 489-490

findet). Im Gegensatz zur strahlenarmen Magnetresonanztomographie wird dem Probanden bei der Protonenemissionstherapie ein radioaktives Mittel in die Blutbahn injiziert. Diese selektiven Marker werden auch als Radiotracer bezeichnet.[10] Die Messung verschiedener Stoffwechselprodukte beruht auf dem raschen radioaktiven Zerfall von Positronen in Radioisotopen.[11] Für die PET spricht, dass simultan Bereiche gezeigt werden können, in denen Stoffwechsel und biochemische Prozesse ablaufen.[12] Diese metabolisch aktiven Zellen verbrauchen verstärkt die radioaktive Substanz. Dies geschieht mit einem um den Kopf kreisenden Detektor, der freiwerdende Photonen zählt, sodass Orte stärkster und schwächster Strahlung bestimmt werden können.[13]

Es handelt sich um ein äußerst sensibles, nuklearmedizinisches Diagnostikverfahren, das eine erhöhte Ortsauflösung bietet und den regionalen Blutfluss misst. Die Stoffwechselvorgänge können früher und genauer im Körper sichtbar gemacht werden als mit jedem anderen Verfahren. Folglich ist die PET besonders bei der Früherkennung der Diagnostik, wie bspw. von Krebserkrankungen, hilfreich.[14] Sie findet vorrangig in der Onkologie, der Kardiologie und der Neurologie Anwendung. Letztere beschäftigt sich im Zusammenhang mit PET vor allem mit degenerativen Erkrankungen. Wird die Positronen-Emissions-Tomographie mit anderen Verfahren wie CT oder MRT kombiniert, spricht man von Hybridverfahren.

## 1.4. Grenzen der bildgebenden Verfahren

Beide Verfahren - sowohl die MRT als auch die PET - stellen dar, wo Vorgänge stattfinden, also wo im Gehirn neuronale Netzwerke aktiv sind. Wie diese jedoch genau untereinander kommunizieren und wie diese biochemisch funktionieren, lässt sich mit diesen Methoden nicht erklären.

Trotz all dieser Erkenntnisse und beeindruckenden Einblicke in das Gehirn lässt sich das Bewusstsein eines Menschen, wie wir denken und fühlen, nicht entschlüsseln.[15] Die subjektive Wahrnehmung eines Individuums kann mit den bildgebenden Verfahren

---

[10] Vgl. Cossmann, P., F. Schoenahl, F., (2015) S. 1
[11] Vgl. Birbaumer, N. Schmidt, Robert F. (2010); S. 485-486
[12] Vgl. Cossmann, P., Schoenahl, F. (2015), S. 6
[13] Vgl. Müsseler, J., Rieger, M., (2017), S. 19-20.
[14] Vgl. https://www.radiologie.de/untersuchungsmethoden-im-überblick/pet-und-pet-ct/; abgerufen am 04.06.2020
[15] Vgl. https://www.planet-wissen.de/natur/forschung/hirnforschung/index.html; abgerufen am 05.06.2020

nicht erklärt werden. Ebenso kann die neuropsychologische Forschung nicht vorhersagen, wie sich jemand entscheiden wird oder sogar darlegen, wie ein Entscheidungsprozess von statten geht.

Was allerdings möglich wird, ist, gezielt auf bestimmte Areale im Gehirn einzuwirken. Dies ist eine Errungenschaft für Erkrankte, bei denen bestimmte Bereiche im Gehirn geschädigt sind.

Oftmals werden bei Aufgaben ganze Netzwerke des Gehirns aktiviert (Bsp.: „Turm-von-London"). Wie diese Netzwerke genau miteinander arbeiten und zusammenspielen, ist bislang nicht vollständig nachvollziehbar. Wie die Kognition funktioniert, kann nur mit Theorien, die aufgrund von erhobenen Daten aufgestellt werden, vermutet werden.[16] Was fMRT-Bilder jedoch eindeutig erkennbar machen, sind charakteristische Muster von aktiven Hirnarealen. Diese sichtbar gemachten Gedankengänge haben eine eigene „neuronale Signatur" ähnlich wie ein Fingerabdruck. Diese zu verstehen, versucht beispielsweise eine Forschungsgruppe um den Wissenschaftler John Dylan Haynes am Leipziger Max-Planck-Institut für Kognitions- und Neurowissenschaften. Dort sollten Probanden auswählen, ob sie zwei Zahlen miteinander addieren oder subtrahieren würden. Der Entscheidungsprozess wurde von den Wissenschaftlern mit einem fMRT begleitet. Die Zahlen selbst wurden erst einige Zeit später auf einem Bildschirm eingeblendet, um sicherzugehen, dass die neuronale Aktivität des Entscheidungsprozesses gemessen wurde und nicht die des Rechnens. Erstaunlich ist, dass in 70 Prozent der Fälle die Forscher richtig vorhersagen konnten, ob sich der Proband dafür entscheidet, eine Addition oder eine Subtraktion vorzunehmen.[17] Können Wissenschaftler also doch unsere Gedanken lesen oder zumindest einfachere Gedankeninhalte anhand von Bildern ablesen? Haynes sagt, dass hierfür die Auflösung der Bilder noch viel detaillierter werden müsste.[18] Eine zusätzliche Herausforderung ist, dass sich die Bilder von Proband zu Proband recht stark unterscheiden können. Die Auswertungsergebnisse der Gedanken der einen Testperson kann also nicht einfach auf eine andere übertragen werden.

Ziele der Neurowissenschaft liegen neben einzelnen Studiendesigns nachvollziehbarer Weise vor allen Dingen auch in der technischen Weiterentwicklung von Geräten, wie

[16] Vgl. https://tudresden.de/mn/psychologie/ifap/allgpsy/ressourcen/dateien/lehre/lehreveranstaltungen /goschke_lehre/ss2013/folder-2013-04-15-9955666685/VL04-Bildgebende-Verfahren.pdf?lang=de; abgerufen am 05.06.2020
[17] Vgl. https://www.cbs.mpg.de/institut/forschung/archiv/gedanken, abgerufen am 05.06.2020
[18] Vgl. ebd., abgerufen am 05.06.2020

MRT, PET, EEG usw., um detailliertere Informationen darstellen zu können. Hier ist die Forschung auf Instrumente angewiesen, die eine hervorragende Schnittstelle zwischen Gehirn und Computer meistern. Ohne innovative Technologien kann der kognitive Code nicht geknackt werden.

Von den diagnostischen Möglichkeiten einmal abgesehen, stellt sich zwangsläufig die Frage der Ethik. Was will oder darf die Wissenschaft mit der Erforschung des Gedankenlesens erreichen? Erfahrungen zeigen, dass Fortschritt und bahnbrechende wissenschaftliche Erkenntnisse auch missbraucht oder zumindest mit zu wenig Bedacht eingesetzt werden könnten. Es sollte ein Recht auf „mentale Privatsphäre"[19] geben.

Eine weitergehende ethische Debatte besteht um sogenannte „Zufallsbefunde". Wie sollen Fachleute reagieren, wenn bei Studienteilnehmern zufällig Tumore, Gefäßerkrankungen oder andere pathologische Auffälligkeiten entdeckt werden, von denen der Proband wegen bisheriger Beschwerdefreiheit nichts wusste? Um hier ethische und rechtliche Konflikte zu vermeiden, sollte der Proband vor Studiendurchführung einwilligen, dass Zufallsbefunde kommuniziert werden dürfen.

## 2. Aufgabe C 2

### 2.1. Was bedeutet Entwicklung?

Bevor in diesem Abschnitt der Arbeit erläutert wird, welchen Beitrag die einzelnen Grundlagenfächer der Psychologie insbesondere für die Diagnose von Entwicklungsstörungen und -verzögerungen bei Kindern und Jugendlichen liefern, soll der Begriff der Entwicklung an sich geklärt werden.

Nach Trautner (1992) wird Entwicklung wie folgt definiert:

> „*Entwicklung bezieht sich auf relativ überdauernde intraindividuelle Veränderungen des Erlebens und Verhaltens über die Zeit hinweg.*"[20]

---

[19] Vgl. https://www.cbs.mpg.de/institut/forschung/archiv/gedanken; abgerufen am 06.06.2020
[20] Vgl. Lohaus, A., Vierhaus, M. (2015), S. 2

Aus dieser Definition lässt sich bereits ablesen, dass sich Entwicklung grundsätzlich nicht auf einen Abschnitt des Lebens begrenzt, sondern von der Zeugung bis zum Tod stattfindet. Die Entwicklungspsychologie befasst sich vor allen Dingen mit den intraindividuellen Veränderungen des Erlebens und Verhaltens, d. h., mit der Entwicklung, die ein Individuum „in sich selbst" erlebt.[21] Ebenso werden jedoch auch die interindividuellen Unterschiede erforscht, d.h. wie sich die Entwicklung bspw. von Intelligenz zwischen Menschen unterscheiden kann.

Entwicklungspsychologie untersucht die Wechselwirkungen der inneren und äußeren Faktoren, die die Entwicklung psychischer Funktionen und Leistungen im Verlauf der Lebensspanne bestimmen und beeinflussen. Dabei wird der Aufbau der psychischen Funktionen ebenso behandelt wie ihre Transformationen und ihr Abbau.

Maßgeblich ist hierfür die wechselseitige Beeinflussung der Individuen. Beispielsweise beeinflussen nicht nur Eltern das Verhalten ihrer Kinder durch Erziehung, sondern auch das Verhalten der Kinder prägt die Entwicklung ihrer Eltern. Folglich lässt sich ein weiterer großer Einflussfaktor, nämlich die Umwelt, also die soziale Umgebung, in der sich jemand aufhält oder die materiellen Umstände, unter denen jemand heranwächst oder lebt, als Wirkfaktor auf die Entwicklung festhalten.

Ziel der Entwicklungspsychologie ist es, Entwicklungsveränderungen zu beschreiben und zu erklären.[22] Gelingt dies, so können Prognosen zu künftigen Entwicklungsvorgängen getroffen und, wenn nötig, in das Entwicklungsgeschehen gezielt eingegriffen werden.

Eine grundsätzliche Frage, die sich Entwicklungspsychologen vor allen Dingen bei Kindern und Jugendlichen immer stellen müssen, ist die, ob ein Kind weniger weit oder weiter entwickelt ist als Kinder einer Vergleichsgruppe.[23] Hierfür muss der aktuelle Entwicklungsstand festgestellt werden, worauf die Prognose der künftigen Entwicklung aufbaut und schließlich vorgeschlagen wird, wie etwa der Entwicklungsverlauf positiv und unterstützend beeinflusst werden kann. Durch solche Interventionen soll

---

[21] Vgl. Lohaus, A., Vierhaus, M. (2015), S. 3
[22] Vgl. ebd. S. 3
[23] Vgl. ebd. S. 4

ungünstigen Entwicklungen vorgebeugt werden. Konkrete Beispiele finden sich in der Sprachentwicklung oder der motorischen Entwicklung von Kindern.

Doch was ist überhaupt eine „gesunde" oder „altersgerechte" Entwicklung? Zur Beantwortung dieser Frage hat Jean Piaget (1896-1955) wesentlich beigetragen. Bis heute gilt der Schweizer als Begründer der kognitiven Entwicklungspsychologie des Kindes- und Jugendalters.

Piaget gelang es nachzuweisen, dass in bestimmten Altersabschnitten von Kindern und Jugendlichen konkrete kognitive Entwicklungsstufen erwartet werden können.

Ein zentraler Begriff Piagets ist der des Schemas. Ein Schema ist eine kognitive Denkeinheit zur Verarbeitung von Informationen. Mithilfe von Schemata können Informationen also eingeordnet und miteinander verbunden werden, damit sich logische Zusammenhänge erkennen lassen. Können Sachverhalte bereits bekannten Schemata zugeordnet werden, so liegt eine Assimilation vor. Kommt es bei diesem Vorgang zu einem Widerspruch, so muss das bisher erlernte Verhalten, das bisherige Schema geändert bzw. angepasst werden, es kommt zur Akkommodation. Mit einer solchen Akkommodation geht in der Regel auch ein Entwicklungsfortschritt einher.

Piaget hat vier kognitive Entwicklungsphasen festgelegt:

      1. Sensumotorische Entwicklungsphase (ca. 0 bis 2 Jahre)

      2. Präoperationale Phase (ca. 2 bis 6 Jahre)

      3. Konkret-operationale Phase (ca. 7 bis 11 Jahre)

      4. Formal-operationale Phase (ab ca. 12 Jahren).

Die Altersangaben der vier Phasen verstehen sich selbstverständlich als Richtwerte, von denen es Abweichungen geben kann, die keinerlei negative Bedeutung für die Entwicklung eines Kindes bedeuten müssen. Nicht alle Entwicklungsbereiche verlaufen gleichsam, sondern vielmehr diskontinuierlich. Einzelne Phasen können unterschiedlich schnell durchlaufen werden, aber auch früher oder später einsetzen.[24]

---

[24] Vgl. Lohaus, A., Vierhaus, M. (2015), S. 23-25

## 2.2. Der Beitrag der Grundlagenfächer zur Entwicklungspsychologie

Zu den psychologischen Grundlagendisziplinen gehören die Allgemeine Psychologie, die Entwicklungspsychologie, die Biologische Psychologie, die Persönlichkeitspsychologie (Differentielle Psychologie) sowie die Geschichte der Psychologie und die Sozialpsychologie.

Die **Biologische Psychologie** ist maßgeblich an der Erforschung von entwicklungspsychologischen Themen beteiligt, wie bspw. der Motorik oder Sprache. Sie erforscht die Zusammenhänge zwischen biologischen Prozessen und dem Verhalten. Hierfür ist nicht nur maßgeblich zu verstehen, wie das Gehirn funktioniert, sondern alle Organe des Körpers müssen betrachtet werden.[25]

Aufgrund der physischen Entwicklung eines Kindes, sowohl pränatal als auch postnatal, liefert die Biologie an sich Informationen darüber, wie der menschliche Körper funktioniert und sich physisch entwickelt. Es ist festgelegt wie die Entstehung eines Menschen von der Befruchtung an abläuft und dass es Faktoren wie Alkohol- oder Tabakkonsum gibt, die das Ungeborene bereits schon in der Schwangerschaft schädigen. Diese Schädigungen wirken sich natürlich auch postnatal aus. Welche Organe wie z. B. das Gehirn dabei in Mitleidenschaft gezogen werden, kann mithilfe moderner Diagnostik eruiert werden.

Vor allen Dingen im Bereich der Wahrnehmung ist die Entwicklungspsychologie auf Kenntnisse der Biologischen Psychologie angewiesen. Um Entwicklungsstörungen diagnostizieren zu können, muss klar sein, wie eine „gesunde" oder „normale" Entwicklung funktioniert, d.h. es muss Richtlinien geben, wann sich bei einem gesunden Kind bestimmte Fähigkeiten entwickeln. Beispiel hierfür ist der Spracherwerb. Erst wenn definiert ist, wie der Spracherwerb von gesunden Kindern funktioniert, kann abgegrenzt werden, bei welchen Kindern es bspw. Verzögerungen gibt. Ebenso verhält es sich mit der motorischen Entwicklung wie dem Laufenlernen.

Liegt bei der Wahrnehmung eines Menschen ein Handicap vor, kann jemand z. B. nicht gut hören oder sehen, wird seine Entwicklung sicherlich anders verlaufen als die eines Menschen, der kein Handicap hat. An dieser Stelle kann allerdings durch ein entwicklungsunterstützendes Eingreifen in Form von Förderung eines solchen Kindes

---

[25] Birbaumer, N., Schmidt, Robert F. (2010), S. 2

vermieden werden, dass es zu psychischen Erkrankungen oder sozialer Isolation im späteren Lebensverlauf kommt. Selbstverständlich gilt dies nicht nur für die Entwicklung von Kindern und Jugendlichen, sondern für jede körperliche und geistige Entwicklungsstufe des Menschen.

Eine große Herausforderung stellt die Tatsache dar, dass es Entwicklungen gibt, die zwar von offiziellen Richtlinien und Lehrbüchern abweichen, aber dennoch nicht gleichsam als pathologisch betrachtet werden müssen oder dürfen. Entwicklung bleibt ein lebenslang individueller Vorgang. Der Schweizer Professor für Kinderheilkunde (bis 2005) Remo H. Largo fasst in seinem Buch „Kinderjahre" zusammen, dass über Jahrhunderte hinweg sowohl Philosophen wie Blaise Pascal und Rousseau oder Dichter wie Johann Wolfgang von Goethe und Oscar Wilde sowie Pädagogen, Psychologen und Kinderärztinnen wie Johann Heinrich Pestalozzi, Jean Piaget oder Maria Montessori immer wieder zur gleichen Einsicht gekommen sind:

> „Erziehung muß sich an den individuellen Bedürfnissen und den Eigenheiten des Kindes orientieren."[26]

Die **Geschichte der Psychologie** ermöglicht es festzustellen, wie sich Entwicklung im Laufe der Jahre verändert hat. Wie unterscheidet sich beispielsweise die Entwicklung eines Jugendlichen von heute zu der eines Jugendlichen im 19. Jahrhundert?

Das Inhaltsverzeichnis eines Lehrbuchs zur **Allgemeinen Psychologie** erinnert durchaus mit einigen Teilgebieten an die Biologische Psychologie. So finden sich hier Kapitel zu Wahrnehmung, Aufmerksamkeit, Bewusstsein, Lernen und Gedächtnis oder Verhalten. Dies liegt daran, dass die Allgemeine Psychologie biologische Prozesse berücksichtigt, wenn es um das Verständnis psychischer Grundfunktionen geht.[27] Im Gegensatz zur psychologischen Psychologie verfolgt die allgemeine Psychologie immer einen universalistischen Ansatz, d. h. allgemeingültige, vor allen Dingen personenunabhängige Gesetzmäßigkeiten.[28] Im Vordergrund steht somit, was

---

[26] Vgl. Largo, Remo H., (2016), S. 19
[27] Vgl. Müsseler, J., Rieger, M. (2017), S. 2
[28] Vgl. ebd., S. 2

Menschen gemeinsam ist und nicht, was sie in ihrer individuellen Entwicklung unterscheidet.

Unterstützung bietet die allgemeine Psychologie der Entwicklungspsychologie sicherlich in der Hinsicht, als dass Differenzen zwischen allgemein Gültigem und individuell Beobachtbarem aufgezeigt werden können.

Zwischen **Persönlichkeitspsychologie** und **Differentieller Psychologie** muss eigentlich eine Trennungslinie gezogen werden: Persönlichkeitspsychologie ist die empirische Wissenschaft von den intraindividuellen Besonderheiten von Menschen in körperlicher Erscheinung, Verhalten und Erleben.[29] Anwendungsgebiete sind bspw. Personalführung und -entwicklung (Personalauswahl), Marketing (Zielgruppenforschung) oder Kriminalistik (Profiling). Die Persönlichkeitspsychologie legt ihr Hauptaugenmerk auf die Struktur der menschlichen Persönlichkeit und ihrer Einzigartigkeit.[30]

Die differentielle Psychologie hingegen fokussiert sich auf die interindividuellen Unterschiede im Erleben und Verhalten, also bspw. wie sich eine Person in unterschiedlichen Situationen fühlt. Sie beschäftigt sich mit der Fragestellung wie sich Menschen in der individuellen Ausprägung psychischer Merkmale unterscheiden.[31] Die Erkenntnisse hieraus sind für andere Disziplinen bspw. in der Diagnostik, sehr wertvoll.[32] Im Bereich der klinischen Diagnostik kommen Persönlichkeits- und Leistungstests zum Einsatz. Die differentielle Psychologie ist häufig ein Bindeglied zwischen unterschiedlichen Teildisziplinen.

Im Gegensatz zur Persönlichkeitspsychologie möchte die Sozialpsychologie nicht erforschen, wie sich ein einzelnes Individuum verhält, sondern wie sich ein durchschnittliches Individuum verhält.[33] In der Sozialpsychologie wird der Mensch vor allen Dingen in der Gruppe betrachtet. Wie verhalten sich Menschen in bestimmten Situationen, die von außen an sie herangetragen werden, und welchen Einfluss haben sie umgekehrt auf diesen situativen sozialen Kontext?[34]

---

[29] Vgl. Asendorpf (2019), S. 9
[30] Vgl.https://m.portal.hogrefe.com/dorsch/gebiet/persoenlichkeitspsychologie-und-differentielle-psychologie/; abgerufen am 09.06.2020
[31] Vgl. Prinz W., Müsseler, J., Rieger, M. (2017), S. 4
[32] Vgl. Rauthmann, John F. (2016), S. 2-3
[33] Vgl. Werth, L., Denzler, M., Mayer, J. (2020) S. 5
[34] Vgl. ebd. S. 3

Diese wissenschaftlichen Erkenntnisse sind wichtig für die praxisorientierte Forschung. Ein Beispiel, womit sich Sozialpsychologie beschäftigt, ist die Messung von Einstellungen gegenüber bestimmten Personen oder Gruppen. Wie werden Stereotype gebildet und welche Vorteile bringt dieser oft eher negativ konnotierte Vorgang mit sich?

Einen wesentlichen Bestandteil bildet jedoch die Erforschung von Menschen in Gruppen, welche Dynamiken zu beobachten sind und wie sich diese erklären lassen. Wegen der gegenwärtig reichhaltig vorzufindenden Stressoren, die auf die Gesellschaft einwirken (allem voran die Corona-Epidemie), ebenso wie soziale Medien oder neue Arbeitsformen ist die Sozialpsychologie eine gefragte und wichtige Grundlagendisziplin der Psychologie.[35]

Einen Zusammenhang zwischen Sozial- und Entwicklungspsychologie zu erkennen, ist unschwer. Gerade bei Jugendlichen kann eine Gruppe, also z. B. der Freundeskreis („Clique") gravierende positive als auch negative Auswirkungen auf die Entwicklung haben.


## 3. Aufgabe C 3

### 3.1. Das biopsychosoziale Modell

Das biopsychosoziale Modell versteht den Menschen als ganzheitliche Einheit zwischen Körper, Geist und Umwelt, also einen Systemkomplex verschiedener Ebenen. Ein rein biomedizinisches Denken ist überholt. Die alleinige Betrachtung der organischen Diagnostik wird einem Patienten nicht gerecht.

Die Anfänge dieser Theorie gehen auf Bertalanffy und Weiss zurück. In ihren Studien zur Allgemeinen Systemtheorie liegt der Ursprung des biopsychosozialen Modells.[36]

In den 1970er-Jahren hat sich der amerikanische Psychiater George L. Engel wesentlich für die Ausformulierung und Verbreitung des Modells eingesetzt. Er formulierte, dass die Natur eine hierarchische Anordnung von dynamischen Systemen ist. Es handelt sich dabei um eine sogenannte systemtheoretische Überlegung. Wichtig ist die Erkenntnis, dass alle Systeme, gleich ob sie komplexer oder weniger komplex sind, miteinander in

---

[35] Vgl. Mühlfelder, M. (2017), S. 31-32
[36] Vgl. Egger, J. (2015), S. 4

Beziehung stehen. Sobald es zu Änderungen einer Ebene kommt, erfahren die anderen Ebenen ebenfalls eine Beeinflussung. Es ist also nicht mehr nur wichtig, an welchem Organ bspw. eine Einwirkung erfolgt, sondern auch welche Auswirkungen diese auf andere Systemebenen zeigt.[37]

Folglich müssen biologische (bspw. hormonelle Ungleichgewichte), psychologische (bspw. Depression) und soziale (bspw. familiärer Kontext) Faktoren analysiert werden, um das Entstehen von psychischen und psychosomatischen Krankheiten zu beschreiben.[38] Durch die Betrachtung der physischen und sozialen Einflussfaktoren wird ein mehrdimensionales und multifaktorielles Denken ermöglicht.[39] Man spricht von einer Mehrebenendiagnostik, deren Folge multimodale Therapieansätze mit einem interdisziplinären Team sind.

Das biopsychosoziale Modell versteht Gesundheit als die Fähigkeit des Körpers und des Geistes, sich autoregulativ, d.h. aus eigenen Kräften und mit seinen Fähigkeiten an äußere Gegebenheiten, anzupassen. Krankheit hingegen tritt ein, wenn der Organismus diese autoregulative Kompetenz nicht ausreichend aufbringen kann. Es liegt dann eine Überforderung von einzelnen Systemteilen vor, die sich auf alle anderen Ebenen auswirkt. Folglich sind Gesundheit und Krankheit keine starren Zustände, sondern ein dynamisches Geschehen.[40]

Die Psychosomatik muss von der biopsychosozialen Medizin abgegrenzt werden. Der klassischen psychosomatischen Medizin geht es um die Frage, ob psychologische Faktoren eine schädigende Wirkung auf körperliche Vorgänge haben. Diese Sichtweise ist im Sinne des biopsychosozialen Krankheitsmodells überholt, weil nach dieser Theorie bei jedem Krankheitsprozess psycho-soziale Faktoren als potentielle Einflussgrößen zu kalkulieren sind.[41]

Durch das bio-psycho-soziale Modell wird deutlich, dass die einzelnen Fachgebiete der Psychologie vernetzt sind. Man könnte sogar so weit gehen, dass die einzelnen Disziplinen auf jeweils andere angewiesen sind. Beispielsweise ist die allgemeine oder

---

[37] Vgl. https://www.springermedizin.de/emedpedia/die-urologie/das-biopsychosoziale-modell-von-krankheit-und-gesundheit?epediaDoi=10.1007%2F978-3-642-41168-7_21; abgerufen am 10.06.2020

[38] Vgl. Mühlfelder, M. (2017); S. 34

[39] Vgl. https://www.youtube.com/watch?v=aUPY0hK33cI; abgerufen am 09.06.2020

[40] Vgl. Egger, J. (2015), S. 5-6.

[41] Vgl. ebd. S. 4

differentielle Psychologie auf Erkenntnisse aus der biologischen Psychologie angewiesen, um Verhaltensweisen erforschen zu können.

## 3.2. Fiktives Beispiel eines Patienten mit Depression

Die folgende Anamnesegeschichte von Herrn Schneider beruht auf reiner Fiktion. Jegliche Übereinstimmungen mit anderen Personen obliegen dem Zufall.

Christoph Schneider wurde mit einem Bandscheibenvorfall in die Freiburger Uniklinik eingeliefert. Dort besucht ihn nach wenigen Tagen die Psychotherapeutin Angela Meier am Krankenbett.

Frau Meier macht sich folgende Notizen:
Christoph Schneider ist 58 Jahre alt, von Beruf Elektroinstallateur und Vater von drei Kindern. Vor zwei Jahren hat sich seine Frau von ihm getrennt. Die Scheidung erfolgte vor ungefähr einem Jahr. Nach der Trennung lebten die Kinder bei seiner Frau, weil Herr Schneider beruflich viel unterwegs ist. Mittlerweile ist die älteste Tochter zum Studium von Freiburg nach Berlin gezogen. Der mittlere Sohn und der jüngste Sohn besuchen jeweils die Ober- und Mittelstufe eines Gymnasiums. Die Jungs sind viel mit ihren Cliquen unterwegs und spielen Fußball. Die Exfrau von Herrn Schneider hat mittlerweile wieder einen festen Lebensgefährten.
Herr Schneider ist in seiner Firma verantwortlich für ein Team von etwa zwanzig Mitarbeitern. Er ist deutschlandweit auf Großbaustellen im Einsatz und für die gesamte Elektroinstallation von komplexen Gebäuden zuständig. Oft arbeitet er über 40 Stunden in der Woche, dazu kommen Reisezeiten und die Organisation von Dienstplänen oder Krankheitsvertretungen seiner Mitarbeiter.
Herr Schneider ist seit über einem halben Jahr antriebslos und stellt selbst fest, dass er schneller „genervt und aggressiv" wird, als dies früher der Fall war. Er hat im letzten halben Jahr zehn Kilo zugenommen und muss inzwischen wegen Blutdruckentgleisungen von bis zu über 200/150 blutdrucksenkende Mittel einnehmen. Wanderungen, wie er sie früher an freien Wochenenden mit Freunden gemacht hat, finden schon lange nicht mehr statt. Auch die Motorradtouren mit seinem Bruder sind längst Geschichte.

Manchmal hat er Herzrasen und oft kann er abends nicht einschlafen. Dann trinkt er gern zwei bis drei „Bierchen", um „runterzukommen".

Kontakt zu seinen Kindern besteht, allerdings nicht regelmäßig und hauptsächlich über WhatsApp.

Herr Schneider schildert der Therapeutin Frau Meier, dass er in seinem „Schuften und Rackern" keinen Sinn mehr sehe. Er frage sich seit einiger Zeit, für wen er das eigentlich noch mache. Den Auftraggebern gehe es nie schnell genug, Mitarbeiter machen Fehler, er müsse dafür geradestehen und ständig Rechenschaft ablegen, warum sich Installationen verzögern oder warum Fehler passieren.

Im Gespräch stellt sich heraus, dass Herr Schneider früher regelmäßig Schach in einem Verein seiner Heimat gespielt hat und dies wegen der zahlreichen Reisen nicht mehr könne. Wenn er Zuhause sei, wolle er einfach nur seine Ruhe haben. Weiterhin klagt er über andauernde Rückenschmerzen, die besonders bei langen Zugfahrten durch das viele Sitzen oft schlimmer würden.

### 3.2.1. Anwendung des biopsychosozialen Modells bei Herrn Schneider

**Die biologische Komponente:**
Herr Schneider leidet an Übergewicht und damit einhergehenden Begleiterscheinungen wie Bluthochdruck und Rückenschmerzen. Auch das Herzrasen kann mit den zu vielen Pfunden in Verbindung stehen. Der häufige Bierkonsum fördert die Gewichtszunahme und die Schlafstörungen. Er leidet unter Rückenschmerzen, die in einem Bandscheibenvorfall gipfelten.

**Die psychologische Komponente**
Herr Schneider erlebt sich selbst als niedergeschlagen, ausgebrannt und sehr reizbar. Er fühlt sich offensichtlich unwohl in seiner eigenen Haut und ist mit seinem Leben seit längerer Zeit unzufrieden. Misserfolge und Schwierigkeiten stehen in seiner Wahrnehmung im Vordergrund. Er weiß nicht, wie er wieder zu mehr Energie und Lebensfreude finden soll. Er fühlt sich selbst zu kraftlos und verspürt keinerlei Elan, ein Vorhaben (bspw. Wanderung) anzugehen. Vor seinen Freunden will er außerdem nicht als Schwächling dastehen.

**Die soziale Komponente**

Die Familienverhältnisse von Herrn Schneider stellen sich zerrüttet dar. Zum einen durch die noch nicht lange zurückliegende Scheidung und zum anderen durch den mangelnden Kontakt zu seinen drei Kindern. Letzteres stellt sicherlich ein gravierendes Problem dar, das für die therapeutische Begleitung im Vordergrund stehen sollte. Herr Schneider verfügt kaum Sozialkontakte über außerhalb seiner Arbeit. Das Schachspielen hat er wegen der vielen Reisen aufgegeben. Bei den Wandertouren seiner Freunde kann er wegen seiner physischen Probleme nicht mehr mithalten. Zwischenmenschliche Beziehungen sind im Leben von Herr Schneider weggebrochen. Es finden keine gemeinsamen Erlebnisse und nicht oder viel zu wenig Gespräche statt. Herr Schneider verbringt sehr viel Zeit an seinem Arbeitsplatz, trägt viel Verantwortung (v. a. für andere) und lebt privat eher zurückgezogen.

In der Freiburger Uniklinik findet nun ein Expertengespräch zwischen Psychotherapeutin, behandelndem Arzt, Physiotherapie und Sozialdienst statt. Das Team, das Herrn Schneider betreut stellt fest, dass die Scheidung von seiner Frau für den Patienten ein gravierendes einschneidendes Ereignis darstellte, das weitreichende Konsequenzen für den Familienvater mit sich brachte. Vor dem Auseinanderbrechen seiner Ehe, als er mit seiner Frau und den Kindern noch unter einem Dach gelebt hat, war er laut BMI normalgewichtig. Die Familie traf sich mit Freunden und, wenn er Zuhause war, verbrachte Herr Schneider viel Zeit mit seinen Kindern.

Seine Unzufriedenheit und fehlenden Beziehungen stillte Herr Schneider in den vergangenen zwei Jahren oft mit hochkalorischen Nahrungsmitteln. Wegen der zunehmenden Antriebslosigkeit bewegte sich Herr Schneider weniger als in den Jahren zuvor, als er noch Wanderungen mit Freunden unternahm.

Die ungesunde Ernährung und die mangelnde Bewegung legten den Grundstein für die auftauchenden organischen Beschwerden: Bluthochdruck und Rückenschmerzen, Kreislaufprobleme (bspw. Herzrasen).

Die schwächere körperliche Verfassung führten bei Herrn Schneider auch zu einem Rückzug aus dem Kreis seiner Wanderfreunde. An dieser Stelle fehlt es also an sozialen Kontakten im Gegensatz zu früher.

Hier ist deutlich zu sehen, wie sich die biologische und soziale Komponente gegenseitig bedingen. Sein Körper kann die negativen Einflussfaktoren auf den Organismus und die

Psyche nicht mehr positiv kompensieren und sich den zu massiv gewordenen negativen Einflüssen autoregulatorisch entgegensetzen. Die Störungskomponente ist übergreifend geworden, weshalb es zur Erkrankung der Teilsysteme auf verschiedenen Ebenen kommt.

Die Expertenrunde stellt fest, dass, sobald dies physisch möglich ist, Herr Schneider sich bewegen muss. Zum einen handelt es sich dabei um eine Reha-Maßnahme nach der Bandscheibenoperation und zum anderen muss er zur Entlastung seines Knochengerüsts Gewicht reduzieren, um den Bluthochdruck nach unten zu regulieren. Andernfalls kämen längerfristig weitere Risiken, wie die eines Schlaganfalls hinzu.

Die Psychotherapeutin möchte mit Herrn Schneider erarbeiten, wie es zur Trennung mit seiner Frau überhaupt kam und wie er diese Zeit erlebt hat. Dies scheint bislang gar keine Rolle gespielt zu haben. Sie möchte versuchen, dass der Patient einen geregelten Kontakt zu seinen Kindern wiederherstellt, zumindest wäre dies wünschenswert.

Eindringlich beraten werden muss die berufliche Situation von Herrn Schneider. Die vielen Reisen schränken ihn privat sehr ein. Es fehlt ihm Zeit für die Pflege familiärer (Bruder) und freundschaftlicher Kontakte (Wander-Freunde, Schach-Freunde). Es gilt zu prüfen, ob Herr Schneider innerhalb seiner Firma einen Posten bekommen kann, bei dem er vor Ort bleiben kann. Aufgrund des Bandscheibenvorfalls wird ein Arbeiten auf der Baustelle nicht mehr möglich sein wie zuvor.

Die Sozialarbeiterin will sich um eine schrittweise betriebliche Wiedereingliederung nach der Reha-Maßnahme kümmern.

Das Team ist sich einig, dass Herr Schneider gute Chancen hat, seine Depression in den Griff zu bekommen. Vielleicht bedarf es dafür anfangs einer medikamentösen Unterstützung wie einem Serotoninwiederaufnahmehemmer. Frau Meier will hier Rücksprache mit Herrn Schneider selbst und einem Psychiater der Klinik halten.


Der obige Fall verdeutlicht, dass die Symptomatik von Herrn Schneider weder nur biologische, rein psychische Ursachen und nicht nur soziale Ursachen hat. Vielmehr handelt es sich um ein Konglomerat von Faktoren, die miteinander in Verbindung stehen. Diesem Zusammenhang von Körper und Geist wird mit dem biopsychosozialen Modell Rechnung getragen.

# 4. Quellenverzeichnis

## 4.1. Lehrbücher und Fachartikel

Asendorpf, J. B. (2019), Persönlichkeitspsychologie für Bachelor, 4. Aufl., Berlin.

Birbaumer, N., Schmidt, Robert F. (2010), Biologische Psychologie, 7. Aufl., Heidelberg.

Cossmann, P., Schoenahl, F. (2015), Positronen-Emissions-Tomographie (PET) und PET-Modalitäten, In: Medizintechnik, Berlin Heidelberg.

Egger, Josef W. (2015), Das biopsychosoziale Krankheitsmodell, Forschung und Lehre/Research, 16. Jahrgang, Nr. 2.

Largo, Remo H. (2016), Kinderjahre, Individualität des Kindes als erzieherische Herausforderung, 31. Aufl. München Berlin.

Lohaus, A., Vierhaus, M. (2015), Entwicklungspsychologie des Kindes- und Jugendalters für Bachelor, 3. Aufl. Berlin.

Mühlfelder, M. (2017), Einführung in die Psychologie, 1. Aufl., Studienbrief der SRH Fernhochschule, Riedlingen.

Prinz, W. Müsseler, J., Rieger, M. (2017), Einleitung – Psychologie als Wissenschaft, In: Müsseler, J., Rieger, M. (Hrsg.), Allgemeine Psychologie, 3. Aufl., Berlin.

Rauthmann, John F. (2016), Grundlagen der Differentiellen und Persönlichkeitspsychologie, Wiesbaden.

Werth, L., Denzler, M., Mayer, J. (2020), Sozialpsychologie – das Individuum im sozialen Kontext, 2. Aufl., Berlin.

## 4.2. Internetquellen

- Anwendbarkeit und Grenzen des Verfahrens, In: Radiologie.de, Radiologienetz, https://www.radiologie.de/untersuchungsmethoden-imueberblick/kernspintomographie-mrt/anwendbarkeit-und-grenzen-des-verfahrens/, abgerufen am 04.06.2020

- Berberich, Hermann J., Das biopsychosoziale Modell von Krankheit und Gesundheit, In: Springer-Medizin, https://www.springermedizin.de/emedpedia/die-urologie/das-biopsychosoziale-modell-von-krankheit-und-gesundheit?epediaDoi=10.1007%2F978-3-642-41168-7_21

- Biedermann, D., Dubois, I., Niehusen, S. (2013), Kurzfilm, Bio-psycho-soziale Konzepte im Vergleich, https://www.youtube.com/watch?v=aUPY0hK33cI, abgerufen am 09.06.2020

- Die Gedanken werden lesbar – Zeichen und Muster in Hirnbildern; Max-Plank-Institut für Kognitions- und Neurowissenschaften https://www.cbs.mpg.de/institut/forschung/archiv/gedanken, abgerufen am 06.06.2020

- Goschke, Thomas (2013), Methoden der kognitiven Neurowissenschaft: kurze Einführung in die funktionelle Bildgebung, Powerpoint-Präsentation, https://tu-dresden.de/mn/psychologie/ifap/allgpsy/ressourcen/dateien/lehre/lehreveranstaltungen/goschke_lehre/ss2013/folder-2013-04-15-9955666685/VL04-Bildgebende-Verfahren.pdf?lang=de, abgerufen am 05.06.2020

- Linde, Malte (2019), Hirnforschung, https://www.planet-wissen.de/natur/forschung/hirnforschung/index.html, abgerufen am 05.06.2020

- Max-Planck-Institut, Institut für Kognitions- und Neurowissenschaften, Institutsflyer, https://www.cbs.mpg.de/1345791/mpi-cbs-institutsflyer-2019-2.pdf, abgerufen am 05.06.2020

- Neuropsychologie – was ist das eigentlich?, In: Ein neuropsychologischer Ratgeber für Betroffene und Angehörige, Institut für kognitive Neurowissenschaft, Ruhe-Universität Bochum, https://www.ratgeber-neuropsychologie.de/neuropsychologie/Neuropsychologie1.pdf, abgerufen am 04.06.2020

- Peper, Martin, In: Lexikon der Psychologie, Dorsch, https://m.portal.hogrefe.com/dorsch/magnetresonanztomografie-mrt/, abgerufen am 04.06.2020

- Positronen-Emissions-Tomographie, In: Radiologie.de, Radiologienetz, https://www.radiologie.de/untersuchungsmethoden-im-überblick/pet-und-pet-ct/, abgerufen am 04.06.2020

- Was ist Neuropsychologie, Website der Ruhe-Universität Bochum, Fakultät für Psychologie, Abteilung Neuropsychologie, https://www.ruhr-uni-bochum.de/neuropsy/uebersicht.html, abgerufen am 03.06.2020 abgerufen am 10.06.2020